Cómo prepararse para la jubilación

Ante una nueva etapa de la vida

Luis Inclán García-Robés

Segunda edición

EDICIONES UNIVERSIDAD DE NAVARRA, S.A.
PAMPLONA

Cupón para la Biblioteca Virtual

Accede a la versión eBook de este título por solo **1,99 €**. Con la compra de este libro puedes utilizar el siguiente cupón para la lectura en *streaming** desde la Biblioteca Virtual. **Sigue estas instrucciones** para visualizar tu libro:

1. Dirígete a la web de la Biblioteca Virtual en **https://ebooks.eunsa.es**.

2. En la web ve a **Iniciar sesión** e introduce tu email y contraseña. Si no estás registrado, deberás completar el proceso en **Registrarse**.

3. Tras registrarte, accede a la página del libro o lee el QR de esta página. Bajo el precio podrás **insertar el código oculto en el siguiente cupón** para activar la promoción.

Despegue para visualizar

Acceso directo al eBook

Canjéalo en ebooks.eunsa.es

*Con acceso a internet desde cualquier navegador.

COLECCIÓN: PERSONA Y CULTURA
n.º 57

© 2024. Luis Inclán García-Robés
  Ediciones Universidad de Navarra, S.A. (EUNSA)
  Campus Universitario • Universidad de Navarra • 31009 Pamplona • España
  +34 948 25 68 50 • www.eunsa.es • eunsa@eunsa.es

Primera edición: Enero 2024
Segunda edición: Julio 2024

ISBN 978-84-313-3951-7
DL NA 1171-2024

Diseño cubierta: Fernando Cuevas
Imagen: Unsplash

Printed in Spain – Impreso en España

Imprime: Podiprint

La preparación de este tratado ha sido para mí tal motivo de alegría que, no sólo he ahuyentado todas las molestias propias de la edad, sino que he intentado hacerla más suave y llevadera.

(Marco Tulio Cicerón, De Senectute, 1, 2)

Índice

I.
Introducción

La jubilación es un momento importante en la vida de la persona que ha pasado muchos años trabajando. Finalmente, le llega el momento de dejar de hacerlo y comenzar una nueva etapa en su vida.

Hay quienes están esperando con ilusión ese momento para poder dedicarse a mil y una cosas para las que antes no han tenido tiempo. Sin embargo, otras personas ven la jubilación con una cierta ansiedad, estrés y preocupación: pasan de salir por la mañana de casa para trabajar, y no regresar hasta horas más tarde, a no saber qué hacer con tanto tiempo del que ahora disponen. Esta situación, de no enderezarse convenientemente, puede dar lugar a roces y disensiones en la familia.

En estas páginas, reflexionaremos cómo debemos afrontar la jubilación para poder disfrutar de este momento, aprovecharlo de la mejor manera posible y poder llevar una vida plena y grata. Y cabe preparar en esa época de la vida, en la que se acerca la edad de la jubilación, sin esperar a tenerla ya delante. En esos momentos previos, podríamos dividir a las personas en varios grupos.

Por un lado, están quienes ven con cierto miedo la llegada de un momento de su vida con mucho tiempo libre que no saben cómo llenar. Hay otro grupo, muy numeroso, que no se plantea nada para la etapa post-laboral de su vida: simplemente, esperan y ya verán en qué ocuparán su tiempo. Y, por fin, hay un tercer grupo, quizá no muy nutrido, que piensa en su jubilación y se plantea posibles ocupaciones de muy diverso tipo.

También cabe mencionar que actualmente, en la edad de la jubilación, la mayoría de las personas gozan de una salud, al menos, aceptable. Esa etapa de la vida se ha alargado notablemente en las últimas décadas y puede durar fácilmente unos veinte años. Y, nunca como ahora, ha habido tantas posibilidades de dedicarse a multitud de actividades de todo tipo.

Los encuadrados en el tercer grupo no necesitan demasiada ayuda. Pero sí los demás, para que puedan aprovechar esa etapa de manera positiva y encuentren sentido a su vida más allá del trabajo que han realizado en su profesión. A ellos, especialmente, va dedicado este breve estudio, con la esperanza de que les sea útil para enfocar esa situación en la que se encuentran o, mejor aún, para la que se preparan.

Ha de ser ese un proceso que debe comenzar bastante antes de los 65 años, o del momento de su salida del

mercado laboral, y que se prolonga hasta más allá de esa fecha, con diversas fases que podríamos nombrar así:
- De anticipación, durante el tiempo de prejubilación,
- De afrontamiento en el momento de la jubilación,
- De adaptación a esa nueva realidad, probablemente también en diferentes fases y que puede durar incluso años.

El análisis de la jubilación no supone tener en cuenta sólo las consecuencias económicas –que, obviamente, son importantes– sino también el impacto psicológico, los cambios en las relaciones sociales con los amigos, compañeros de trabajo, familia y ver estos cambios como parte de un proceso de adaptación a la nueva situación.

Es importante planificar la jubilación con anticipación para tener una idea clara de lo que se desea hacer en esa nueva etapa de la vida. Cabe pensar en los intereses, aficiones, proyectos pendientes y planificar a qué se desea dedicar el abundante tiempo libre.

Se debe mantener una vida social activa: la jubilación puede producir aislamiento, por lo que es importante mantenerse activo en este campo. Esto puede incluir actividades con amigos, familiares, grupos de interés y voluntariado. Procurarse una red de contactos sociales puede ayudar a sentirse conectado y apoyado durante la jubilación.

Mantener una mente activa es fundamental para una jubilación saludable. Es bueno leer libros, aprender nuevas habilidades, asistir a clases o talleres, o incluso trabajar a tiempo parcial en algo que guste. No sólo para mantenerse ocupado, sino para adoptar una actitud positiva hacia la vida.

Asimismo, también es importante cuidar la salud física. La salud física y mental están estrechamente relacionadas. Para estar en forma, se puede incluir hacer ejercicio regular –quizá frecuentar un gimnasio, caminar...–, tener una dieta saludable, dormir lo suficiente y hacerse chequeos médicos regulares.

A fin de cuentas, aprender a adaptarse al cambio. Porque la jubilación es un cambio importante en la vida y puede resultar difícil esa adaptación. La transición a la jubilación puede suponer un aumento de actividades en áreas no relacionadas con el trabajo, y una disminución de las relacionadas con él. Unas personas aumentarán las actividades físicas principalmente y otras las sociales e intelectuales.

Algunos autores describen los pasos por los que se pasa al dejar de trabajar:

- la etapa inicial (una especie de luna de miel),
- un período de cierta decepción y/o de hiperactividad o de astenia,
- una reorientación, unas respuestas más realistas,
- y una fase final de estabilidad, de acomodación a la situación.

Una jubilación bien aprovechada ayuda –y mucho– a la estabilidad emocional. A sentirse útil, a no tener la sensación de ser una carga para la sociedad, a contribuir

–poco o mucho– a mejorar nuestro mundo, etc. Se evitan, así, problemas tan presentes hoy en día como las diversas neurosis, depresiones, etc. O, simplemente, el aburrimiento tan frecuente en las personas mayores.

Teniendo todo ello en cuenta, abordaremos a continuación con más calma algunas de las cuestiones mencionadas, con la idea de que sirvan de ayuda para afrontar la nueva situación. Cada persona sabrá fijarse en las que más le afecten.

Por último, cabe aclarar que estas reflexiones son válidas tanto para hombres como para mujeres. Por tanto, al utilizar el masculino lo hago con su valor genérico (masculino y femenino).

II.
Un paso importante

Pasar de la vida profesionalmente activa a la de jubilado supone muchas cosas, y no todas son siempre positivas. Por eso es de vital importancia plantearse el tema bastante antes de que sobrevenga la jubilación.

Por un lado, una persona centrada en su trabajo de años puede hallarse de repente vacía y con una existencia sin sentido al jubilarse. Suele coincidir con personas que han centrado su vida alrededor de la profesión: todo lo demás era secundario y subordinado a la actividad laboral. Es posible que, en estos casos, la llegada de la jubilación vaya acompañada de depresión, sentido de inutilidad, estrés y ansiedad. Su vida da un vuelco: antes se iba de casa temprano y no volvía hasta tarde, y ahora ocurre al revés, con lo que su relación con la familia cambia radicalmente, y frecuentemente la esposa (o el marido) le eche en cara el hecho de salir poco de casa. Y, para que ese cambio no sea negativo, hace falta replantearse la nueva situación y llenar ese tiempo que ha dejado de estar ocupado.

Hay personas que identifican la jubilación con el inicio de la decrepitud, de la enfermedad y de la muerte. Hoy en día, la esperanza de vida nos otorga un promedio de unas dos décadas desde la jubilación. Y contra la idea de que la muerte nos amenaza, Cicerón apuntaba:

> *No creo que la muerte deba ser luctuosa cuando a continuación se espera la inmortalidad. (De Senectute, XX, 74)*

Además, en bastantes casos, el estado de salud es, cuando menos, aceptable, y permite realizar actividades de lo más diverso, incluso físicas.

También está por ver si la visión negativa de la edad de jubilación deriva de que la salud ya comienza a decaer, o más bien al mismo hecho psicológico de haber dejado la actividad productiva: se deja de contribuir a la economía familiar, por mucho que la pensión ayude a paliar esa situación. Parece ser que los problemas emocionales se dan más en jubilados que en personas laboralmente activas.

En la actualidad, este paso en la vida de la persona tiene muchas más connotaciones positivas que negativas. Y, con estas líneas, se pretende ayudar a que mucha gente goce de una jubilación activa, útil y agradable. Está ya muy lejos la época en la que hablar del jubilado era tanto como pensar en la decrepitud, o en el anciano sentado en un banco del parque viendo pasar la gente… y las horas, *matando* el tiempo.

Pero sigue existiendo un buen grupo de personas que caen en el llamado "síndrome del jubilado". Para evitarlo, hay planteamientos que ayudan y que conviene tener en cuenta antes de que llegue ese momento:

– Planificar la jubilación. Anticiparse a la llegada del tiempo libre para organizarlo mínimamente. Pero no al llegar el final de la vida activa, sino bastante antes. Pensar en qué nos gustaría ocupar el tiempo, etc.

– Conservar los lazos sociales para evitar el aislamiento y, siempre que sea posible, ampliarlos. Tanto las relaciones presenciales como las que podamos adquirir mediante las redes sociales.

– Reorientar la vida. Puede ser un buen momento para repasar la vida y ver todo lo conseguido. Pero también es ocasión para plantearse nuevos retos y metas; sobre todo, aquellas cosas que nos habría gustado hacer o conocer y que nunca pudimos por falta de tiempo.

– Buscar actividades que fomenten los propios intereses. Si el lugar de residencia es un pueblo pequeño, habrá que tirar de imaginación para iniciar determinadas actividades. Pero, en poblaciones más grandes, hay una gran cantidad de actividades de todo tipo donde elegir.

– Establecer una nueva rutina en el día para emplear un tiempo en llevar a cabo experiencias útiles y productivas. Suele ser útil hacer un horario para dedicar un tiempo a cada actividad: la constatación de tener el tiempo ocupado ayuda a alejar la sensación de inutilidad.

– Evitar la autoexigencia. Aceptar que es una etapa de cambio y de adaptación. Los perfeccionistas nunca estarán satisfechos de lo conseguido y no disfrutarán de sus actividades.

III.
Una nueva oportunidad

Cuando la esperanza de vida no iba mucho más allá de los 60 años, en la antigua Roma, Cicerón escribió una pequeña joya titulada en origen *De Senectute* (Sobre la vejez). A ella me he referido ya, y a ella acudiré en más de una ocasión, porque puede resultar una lectura útil, agradable y provechosa para las personas que ya tienen unos años. La recomiendo vivamente.

Hasta la obra mencionada, en la literatura griega y romana, aparte de mencionar la sabiduría de los ancianos, lo más frecuente era lamentarse del paso del tiempo, que iba haciendo estragos en el cuerpo. No hace mucho, se descubrió un poema de la griega Safo de Lesbos que recoge este sentir:

> *[...] La piel que ayer fue suave está marchita.*
> *[...] El pelo que fue negro, encanecido.*
> *El corazón me pesa y las rodillas,*
> *que danzaban ligeras como ciervos,*
> *hoy no soportan el peso de este cuerpo.*

Es vano lamentar estos pesares:
no puede el ser humano escapar a la edad.

Cicerón, en un momento de su vida, cumplidos ya los 60 años, no se conforma con una visión más bien resignada del paso del tiempo, sino que intenta valorar el alcance de una vejez activa, de una época de plenitud, de conocimiento y de sabiduría.

Prácticamente en el comienzo de su obra, Cicerón comenta:

(…) mientras escribía el texto, (…) he disfrutado tanto con él, que no sólo se me han disipado de la mente las desventajas de la vejez, sino que he llegado a creerla una etapa agradable y gozosa. (De Senectute, 1)

Precisamente es ésta la idea que pretenden desarrollar las páginas que siguen: la llamada tercera edad supone una espléndida oportunidad para poner en juego aptitudes nuevas, para dedicarse a actividades que la época de trabajo no nos dejaba llevar a cabo, para ser útiles de muchas maneras… y para ser capaces de considerarnos más bien un apoyo que una carga para la sociedad.

¿Qué factores pueden influir en una mejor adaptación a la jubilación? O sea, ¿cuál es la calidad de vida deseable para desarrollar una jubilación fructífera? Señalemos algunos factores:

a) Cualidades del ambiente donde se vive: tanto físicas (contaminación, vivienda, temperatura, luz,

ergonomía, etc.) como sociales (clima familiar, laboral y social en general).

b) Condiciones económicas: salarios, pensión tras
la jubilación, condiciones económicas en caso de
jubilaciones anticipadas, otros posibles ingresos
(planes de pensiones, "jubilación activa"...).

c) Apoyo social: cantidad y calidad de la relación con
los demás (compañeros de trabajo, vecinos, familiares, redes sociales...).

d) Factores culturales: percepción de la nueva situación en relación con nuestra formación cultural.

e) Estado de salud objetivo.

También podemos considerar los siguientes factores
subjetivos o personales:

a) Apoyo social, el que obtenemos de las relaciones
citadas más arriba. Es importante diferenciar entre
soledad y aislamiento, o la forma en que se perci-
ben estos apoyos sociales.

b) Satisfacción psicológica y bienestar subjetivo en
el ambiente en que nos movemos.

c) Realización de actividades, desempeño laboral, satisfacción en lo que se realiza.

d) La percepción de la salud, que no siempre coinci-
de con el estado objetivo de la salud.

e) La autoestima.

f) Las habilidades funcionales y la competencia en
general.

IV.
¿Qué debemos plantearnos antes de la jubilación?

Es evidente que no es bueno llegar al día uno de la jubilación sin haber pensado nada al respecto. Puede ser muy positivo plantearnos algunos puntos y considerarlos con calma un tiempo antes.

a) Pensar qué esperamos de la jubilación. ¿Nos preocupa la idea de tener que llenar nuestros días? ¿Mantenemos unas expectativas altas? ¿Pensamos en los aspectos positivos de esa nueva etapa? ¿Vemos más problemas que oportunidades, o es más bien al revés?

b) ¿En qué situación económica nos encontraremos una vez jubilados, personal y familiarmente? Aunque España es uno de los países donde la pensión de jubilación supone un alto porcentaje del sueldo (de promedio, un 80%, mientras la media europea es del 57%), no está nada claro el futuro de las pensiones públicas. Y cabe pensar que ese 80% se irá reduciendo poco a poco pero inexorablemente.

También se debe considerar si se dispone de un plan de pensiones adecuado, de unos ahorros, de la situación de la economía familiar, etc.

c) En algunos casos, puede ser interesante acogerse a la llamada "jubilación activa". La jubilación activa implica compatibilizar el cobro de un porcentaje de la pensión de jubilación con el desarrollo de una actividad laboral. En el Real Decreto Ley 5/2013 se regularon por primera vez las condiciones y requisitos para poder compatibilizar la percepción de una pensión de jubilación con el trabajo por cuenta propia o ajena. En ese decreto se especifican los requisitos que se deben cumplir para acceder a la jubilación activa. Lo comentaremos en el siguiente capítulo.

d) Hablar con la familia próxima y con los amigos para establecer una nueva relación con el entorno social en el que vivimos: dispondremos de más tiempo para relacionarnos, lo cual puede suponer algo positivo o más bien un problema… Ese entorno –el familiar y el social– nos puede facilitar también pistas para llevar a cabo actividades diversas y siempre pueden ser un soporte en caso de necesidad.

e) Pensar en qué actividades nos gustaría emplear el tiempo, total o parcialmente. Establecer un plan a corto o medio plazo para desarrollar esas actividades: cómo, dónde, cuándo… e investigar cómo informarnos sobre ellas. Hay en la actualidad multitud de iniciativas, tanto públicas como privadas, para ocupar el tiempo de muchas maneras. Resulta difícil no hallar alguna actividad que colme los propios intereses. Y, a través de internet, las posibilidades se multiplican y las tenemos al alcance de la mano.

f) Afianzar los vínculos de amistad –reforzar las amistades ya existentes y crear otras nuevas– y la presencia en actividades de tipo social, deportivo, cultural, etc. Todo ello nos puede abrir un abanico grande de posibilidades en las que quizá no habíamos pensado. El trato con otras personas siempre es una buena manera de ampliar nuestro horizonte y conocer nuevas ideas y proyectos.

g) Establecer unos parámetros de vida saludable, buscando ayuda si es necesario, porque la salud es condición indispensable para cualquier otra actividad. Ejercicio adecuado, práctica deportiva acorde con la edad, etc. Cicerón decía:

Se ha de cuidar la salud, se debe hacer ejercicio moderadamente, se debe tomar alimentos y beber cuanto se necesite para tomar fuerzas, pero no tanto como para quedar fatigados. Pues una cosa y otra han de ser remedio para el cuerpo, pero mucho más para la mente y el espíritu. (De Senectute, 36)

Habiendo meditado sobre estos puntos, es muy posible que se hayan resuelto algunos de los interrogantes que esa nueva etapa de la vida nos plantea. Si no es así, habrá que continuar indagando en un doble sentido: el del conocimiento propio (nunca llegamos a conocernos perfectamente) y el de la realidad que nos rodea y que nos ofrece múltiples posibilidades.

V.
La llamada "jubilación activa"

Desde el punto de vista laboral, se denomina "jubilación activa" al hecho de compaginar el cobro de una pensión con algún tipo de trabajo remunerado, sea por cuenta propia o por cuenta de otro. Para ello se han de cumplir una serie de requisitos:

– Que haya pasado al menos un año desde que se cumplió la edad ordinaria de jubilación que corresponda.

– Que se hayan cotizado los años suficientes para recibir la pensión de jubilación completa. En 2022, se podía acceder al 100% de la pensión a partir de los 36 años cotizados.

– Que el trabajo que se vaya a ejercer sea dentro del sector privado.

Acogiéndose a la "jubilación activa", la cantidad que recibiremos es del 50% de la pensión completa. En el caso de los autónomos, cobrarán el 100% de la pensión si tienen, al menos, un trabajador por cuenta ajena. Y será del

50% en los demás casos, salvo que sus ingresos no su-
peren el salario mínimo interprofesional, en cuyo caso sí
recibirá el 100%.

Hay también otras formas de seguir trabajando a la
vez que se cobra la pensión:

– Compatibilizar el cobro del 100% de la pensión
con una actividad por cuenta propia si los ingresos
anuales no superan el Salario Mínimo Interprofesional.

– La "jubilación flexible", que permite compatibilizar una pensión con un trabajo a tiempo parcial. En
este caso, la pensión se reduce de manera propor-
cional a la jornada laboral.

– La "jubilación parcial", que pasa el contrato a tiempo completo a uno a tiempo parcial. Se reduce su
jornada y accede parcialmente a su pensión de jubilación.

VI.
¿Hay diferentes tipos de jubilados?

En la introducción se hablaba de diferentes posturas ante la jubilación. Ahora, según sus disposiciones, podemos establecer unas cuantas categorías de jubilados.

Según la American Psychological Association (https://www.apa.org/), los jubilados pueden clasificarse, a grandes rasgos, en seis grupos:

- Continuistas: buscan seguir ejerciendo sus conocimientos y habilidades mediante trabajos a tiempo parcial o ejerciendo el voluntariado en actividades relacionadas con su profesión.
- Aventureros: empiezan actividades totalmente nuevas, o aprenden otras no relacionadas con su trabajo anterior.
- Buscadores: no piensan en ello antes de jubilarse, sino que, durante los primeros años, buscan actividades adecuadas a sus gustos e intereses.
- Despreocupados: disfrutan de su tiempo de ocio y de la ausencia de rutina, y así van pasando los días.

– Espectadores involucrados: siguen con un interés elevado su ámbito de trabajo anterior (estudiando, estando al día...) pero sin llevarlo a la práctica.

Retraídos: no consiguen encontrar nada acorde con sus intereses y se dan por vencidos, llegando incluso a caer en la depresión.

Como siempre pasa, todos podemos tener, al menos en algún momento de nuestra vida, características de más de uno de estos grupos. Excepto los grupos de los "despreocupados" y de los "retraídos", que constituyen los apartados más negativos de esta relación, todos los demás tienen aspectos ciertamente valiosos. Se tratará de buscar la manera de desarrollar las propias capacidades de la mejor manera posible.

Cicerón se detenía a considerar que hay personas mayores que se lamentan por sistema. A ellas va dirigido este párrafo:

"La causa de todas estas lamentaciones está en el carácter de cada uno, no en la edad. Ciertamente la impertinencia y la falta de humanidad molesta en todas las etapas de la vida. Los ancianos moderados llevan la vejez de una manera aceptable". (De Senectute, III, 7)

La moderación, en todo, siempre ha sido un buen instrumento para acercarnos a la felicidad.

VII.
Vida saludable

Hay dos factores a considerar acerca de lo que es la vida saludable: el estado de salud de la persona en el momento de su jubilación; y la adopción de un estilo de vida que ayude a preservar la salud.

Sobre el primer aspecto, poco hay que decir. Es evidente que un deterioro temprano de la salud influye negativamente en el planteamiento de una jubilación activa. Cada caso es diferente y no es éste el momento de analizar la cuestión. De todas formas, sí que debemos constatar que el sistema público de salud de nuestro país es excelente en comparación con la mayoría de las naciones de nuestro entorno. Y que, sea cual sea el propio estado de salud, siempre se podrán encontrar actividades adecuadas para ocupar positivamente el tiempo de la jubilación.

Sí que se debe incidir en la necesidad de llevar un estilo de vida saludable, que es más fácil conseguir desde el momento de la jubilación porque disponemos de más tiempo y de más tranquilidad.

Ello conlleva tener en cuenta unos factores funda-
mentales: la alimentación, el abandono de hábitos nocivos
(tabaco, alcohol, drogas…) y el ejercicio físico.

En el aspecto alimentario, todos los expertos hablan
de la dieta mediterránea como algo objetivamente positivo: el uso abundante de frutas y verduras, la moderación
en la ingesta de carnes rojas, la buena costumbre de comer pescado, etc. En caso de tener que luchar contra el
sobrepeso o la obesidad se haría necesaria la ayuda de un
endocrino, que sugerirá llevar a cabo un determinado plan
de alimentación, controlado médicamente.

No diremos nada sobre el abandono de conductas no-
civas, porque es evidente. Y, en caso necesario, conven-
dría acudir a algún medio de desintoxicación.

Deseo centrarme ahora en el ejercicio físico saludable. Es importante conocerse para calibrar hasta dónde se
puede llegar sin comprometer la salud: no se tienen ya
20 años, nuestro cuerpo no aguanta determinados esfuer-
zos, la artrosis comienza a insinuarse y nuestra capacidad
pulmonar es la que es. Una vez dicho esto, hay muchos
ejercicios físicos aptos para casi todo tipo de personas
mayores. Sobre todo, algo ciertamente saludable y fácil
de realizar: caminar. No es conveniente correr (se resen-
tirían rápidamente tobillos y rodillas), basta con caminar
al ritmo que uno pueda notar como óptimo: ni muy lento
ni muy rápido. Y hacerlo en compañía de otras personas,
convierte este ejercicio en algo muy gratificante.

Asimismo, considero que es fundamental mantener una rutina y salir a caminar regularmente: por ejemplo, dos o tres veces por semana. La constancia es imprescindible: no es bueno "matarse" un día y olvidarse de caminar durante el mes siguiente. Conviene hacerlo de manera progresiva: al comienzo, caminar durante pocos kilómetros a un ritmo suave, para ir aumentando la longitud y la velocidad paulatinamente. Al principio nuestro cuerpo se quejará mediante las agujetas; al cabo de poco, nos habremos olvidado de ellas e iremos aumentando notablemente la masa muscular y, por tanto, la resistencia.

También resulta muy saludable acostumbrarse a realizar los desplazamientos por la ciudad a pie, a subir por la escalera en vez de utilizar el ascensor. Todo ello, siempre que las condiciones físicas lo permitan.

Y, por último, la asistencia a gimnasios y la práctica de la natación son actividades muy válidas para conservar la buena salud. Un hecho constatable: las personas que realizan habitualmente algún ejercicio físico al aire libre, suelen evitar fácilmente afecciones como los resfriados.

VIII.

"Ya no sirvo para nada"

Ante la realidad de un mundo muy cambiante y, además, de forma galopante, podemos encontrarnos con personas que, llegada su jubilación, se sientan ya inservibles, *amortizados* tras su vida profesional. Son algo así como los "desilusionados" del apartado anterior.

Y eso no es nunca cierto. Las causas de semejante sensación ya las había señalado Cicerón:

(…) *"encuentro cuatro causas que agravan sobremanera la vejez: –primera, porque aparta de la gestión de todos los negocios. –segunda, porque la salud se debilita. –tercera, porque te priva de casi todos los placeres. –cuarta, porque, al parecer, la muerte ya no está lejos". (De Senectute, V, 15)*

Veamos alguna de estas falsas razones y cómo las trata el romano. Sobre el apartamiento de los negocios en la vejez:

(De qué negocios) "*¿De aquellos que se realizaron con el vigor y las fuerzas de la juventud? ¿Acaso no son también obras seniles las que se realizan con la fortaleza de la mente, pero con el cuerpo enfermo?*" *(De Senectute, V, 15)*

"*(se debe) actuar según las fuerzas del momento y servirse de ellas, hagas lo que hagas*". *(De Senectute, IX, 27)*

Es absurdo pretender, en la edad de la jubilación, llevar a cabo trabajos, actividades u ocupaciones propias de gente joven. No por ello debemos sentirnos inservibles. Más bien hay que valorar el cúmulo de asuntos en los que nuestra experiencia juega un papel importante. Son las obras que Cicerón menciona al hablar de la "fortaleza de la mente". A éstas nos debemos dedicar porque son independientes de la fortaleza física.

Porque se debilita la salud:

"*(…) mente y cuerpo, son como una lámpara, que si no se las alimenta gota a gota, se extinguen con la vejez. Los cuerpos pierden agilidad con la fatiga del ejercicio, en cambio el espíritu se hace más sutil con el adiestramiento mental*". *(De Senectute, X, 36)*

Es cierto que se debilita la salud física y también es una realidad que ahora son frecuentes enfermedades derivadas de la alta esperanza de vida (las llamadas enfermedades degenerativas como el Parkinson, la demencia senil o el Alzheimer). Sin embargo, y salvadas estas excepciones, debemos considerar la frase de Cicerón: "el espíritu se hace más sutil con el adiestramiento mental". Y ese adiestramiento está en nuestras manos: ejercitar la memoria, emplearse en actividades lúdicas como el ajedrez, la resolución de crucigramas, del sudoku, leer, asistir a conferencias, escribir, ir a conciertos, al teatro, etc., etc. Todo ello nos mantiene mentalmente en forma y evita o retrasa el deterioro de nuestro cerebro.

La vejez priva de los placeres:

"Tengo que estar agradecido a la vejez que ha acrecentado en mí el interés por la conversación y ha dejado en segundo puesto el beber y el comer. Por lo tanto, no comprendo por qué la vejez ha de ser insensible ante esos placeres, si esto también deleita a otros". (De Senectute, XIV, 46)

No deja de tener gracia su observación de que ha dejado en segundo plano el placer de beber. No sé si en nuestros días se puede mantener esa opinión... Lo que sí es cierto, y aplicable en nuestro caso, es el interés por la conversación, algo que debemos fomentar porque es una fuente de conocimiento, una ocasión de afianzar la amistad y un ejercicio mental (para comprender y para expresarnos).

Y, por último, la cercanía de la muerte:

"(...) la madurez quita la vida a los ancianos. Una madurez que a mí me resulta agradable, de tal manera que

yo llegaré a la muerte tranquilamente como si después de una larga navegación, al llegar al puerto volviera a ver la tierra". (De Senectute, XIX, 71)

Se trata, como casi siempre, de ver el vaso medio vacío o medio lleno. Es cierto que la vejez desemboca inevitablemente en la muerte. Pero también es verdad que podemos pasar unos años muy agradables, en los que nos hemos realizado personalmente y hemos contribuido no sólo a no ser una carga para la sociedad, sino a construir un mundo más rico, solidario y humano. Con este bagaje, como dice Cicerón: "yo llegaré a la muerte tranquilamente como si después de una larga navegación, al llegar al puerto volviera a ver la tierra".

IX.
Las aficiones

Está claro que, dependiendo del nivel cultural de cada persona, sus expectativas variarán notablemente. No podemos esperar lo mismo de un intelectual que de un obrero manual, aunque no debe asombrarnos de que algunos de estos últimos mantengan altas expectativas y lleguen a sobresalir en campos que no habían podido cultivar antes por múltiples motivos. Y esto, que vale en muchos ámbitos de la vida, también juega en el terreno que nos ocupa de la proximidad de la jubilación.

De todas formas, hay un elemento común que debemos aprovechar: todo el mundo tiene sus aficiones, ejercitadas o no durante su época laboral. Es muy raro hallar personas –yo me encontré no hace mucho con una cuyo anhelo máximo era el famoso dicho italiano del *dolce far niente*– que dicen no tener ilusión por nada. Por suerte, no es demasiado frecuente.

Pues bien: esas aficiones serán el punto de apoyo para encontrar ocupaciones que llenen la vida de esas personas.

Muchas veces, dedicándose directamente a ellas; otras, como puente hacia nuevas actividades que, sin duda, van a ir descubriendo.

Imaginemos una persona aficionada a la fotografía. Cuando dispone del tiempo que antes no tenía, puede dedicar una parte de ese tiempo a ejercitarse con tranquilidad en buscar enfoques, objetos que merezcan ser inmortalizados con su cámara. Una vez comenzada su actividad fotográfica, probablemente descubrirá que hay realidades a las que no había prestado atención anteriormente: por ejemplo, el mundo animal o vegetal, los bellos paisajes de la naturaleza, los edificios de su lugar de residencia, las actividades humanas, etc. Llega así a conocer y valorar otras realidades a las que puede dedicar su atención, estudio y admiración. Y quizá llegue a convertirse en un aficionado a la naturaleza, a la arquitectura, o a la vida social, y encauzar por ahí algunas de sus actividades de tiempo libre.

Lo normal, sin embargo, es que la persona tenga ya algunas aficiones a las que ha podido dedicar algún tiempo, poco o mucho, durante su vida laboral. Ahora, será el momento de ampliar notablemente esa afición.

Y, tanto esas personas como otras, podrán desarrollar las aficiones con la oportunidad que nos ofrecen muchas y diversas entidades que las promueven. Es muy probable que en la propia localidad haya asociaciones que se dediquen a la fotografía, al senderismo, a la cocina, a la pintura, a la escritura creativa, y a mil y una actividades diversísimas.

Además, y esto vale sobre todo para quien vive en poblaciones pequeñas, se pueden ejercer muchas aficiones en línea mediante internet: desde la ornitología hasta todo tipo de juegos, desde cursos y tutoriales hasta visitar museos, etc., etc. Es todo un mundo que cabe descubrir.

Para ello, quien no esté familiarizado con el uso de internet y con el manejo esencial del ordenador, conviene que haga un cursillo al respecto. En todas las localidades hay alguna entidad que los lleva a la práctica, desde organismos oficiales a entidades privadas. Ello nos dará, además de los rudimentos para manejarnos con las nuevas tecnologías, las herramientas necesarias para abrirnos todo un panorama en las ventajas que nos proporciona. Por ejemplo, crear un blog propio o una página web donde publicar los resultados de nuestras aficiones, la creación propia de textos, fotos, etc., la publicación de la actividad física que hacemos (por ejemplo, de nuestras caminatas…).

Todo ello podemos llevarlo a cabo de forma gratuita y con facilidad, gracias a muchas páginas web que nos lo ofrecen. Por ejemplo:

– Blogger: para crear un blog.
– Es.site123 o Sites.Google: para crear una página web.
– Wikiloc: para seguir y grabar rutas a pie, en bicicleta, etc.

En definitiva, se dispondrá de un tiempo que antes escaseaba y ahora abunda. Y hay que saber aprovecharlo convenientemente, no sólo desde un punto de vista material o lúdico: también es buen momento para intensificar –o adquirir– una vida espiritualmente activa que nos llene por dentro.

X.
Conocerse a fondo

En el templo de Apolo en Delfos estaba grabada esta máxima: "Conócete a ti mismo". No siempre es fácil llegar al propio conocimiento, porque una alta autoestima o, por el contrario, una demasiado baja, desfiguran la realidad de lo que somos. De todas formas, es de gran provecho el autoconocimiento, que nos lleva a situarnos ante nuestras fortalezas y nuestras debilidades. Y, para acometer la nueva etapa que se abre con la jubilación, también es oportuno ahondar en cómo somos realmente.

Podemos dar algunas pistas sobre cómo profundizar en la propia valoración.

a) ¿Cómo actúo ante las emociones? ¿Procuro dar la vuelta a las que son negativas para ver el lado positivo de las cosas? Por ejemplo: me he enfadado y, acto seguido, si analizo el porqué del enfado, quizá pueda revertir la situación y rectificar mi manera de actuar o de ver las cosas.

b) ¿Me acepto a mí mismo tal como soy? Para ello conviene establecer cuáles son mis puntos fuertes y mis puntos débiles. Si, además de hacer uno mismo esa doble lista, se la pido también a una persona de mi entera confianza, podré darme cuenta de cómo me valora alguien muy cercano a mí.

c) Examinar qué cosas me han ido bien en mi vida y cuáles han salido mal. Establecer el motivo de éxitos y fracasos me puede dar una idea de mis facilidades y dificultades, y de cómo puedo rectificar actuaciones menos positivas.

d) Pensar también en qué me motiva, me apasiona, me divierte y me hace disfrutar de la vida. Todos recordamos momentos de nuestra vida que se han quedado grabados en la memoria porque resultaron especialmente gratos.

e) ¿Qué es para mí la felicidad? ¿Cuándo he sido más feliz? ¿Qué logros personales me han hecho estar verdaderamente satisfecho? Debemos distinguir entre felicidad –un goce permanente– y placer –una satisfacción más bien momentánea o de corta duración–. La felicidad no se encuentra tanto en las cosas materiales cuanto en logros espirituales.

f) ¿Cómo me relaciono con los demás? ¿Cómo definiría la amistad? ¿Me cuesta entablar una verdadera amistad? ¿Soy tímido, retraído, poco sociable? ¿Soy generoso en el uso de mi tiempo ayudando a los demás?

g) ¿Valoro en su justa medida lo que piensan de mí los demás? ¿Me siento condicionado por esas opiniones? Hay que saber situarse en un justo medio: ni valorar excesivamente lo que los demás piensan de mí, ni "pasar" de las opiniones de los otros.

h) ¿Tengo mis propias ideas en temas importantes (política, profesión, religión, etc.) o me dejo influir por lo que opinan los demás? Aquí se deben tener en cuenta también la fiabilidad de nuestras fuentes de información: no fiarnos del primer diario o emisora que nos cuenta una noticia, porque la mayoría no "informan" sino que buscan orientar ideológicamente los datos aparentemente objetivos.

Estas son sólo algunas de las cuestiones que pueden conducir a un mejor conocimiento personal. Cosa importante para después enfocar nuestra actividad hacia un terreno donde nos encontremos a gusto, donde podamos desenvolvernos con naturalidad y ser útiles a los demás.

XI.
Mirando al interior

Cuando se llega a una edad, en muchas ocasiones uno se pregunta cómo ha sido mi vida hasta ese momento. De qué cosas nos sentimos satisfechos y de cuáles no.

En el caso de un católico, uno de los aspectos recurrentes es el de la propia espiritualidad. Quizá de pequeños habíamos vivido una cierta práctica religiosa, porque la familia ayudaba a ello. Y, con el paso del tiempo, esa práctica de ha ido diluyendo hasta quedar en casi nada. Hay personas que, sin embargo, han mantenido un nivel de vida espiritual porque libremente así lo han querido.

En el caso de los primeros, quizá sea éste un momento adecuado para replantearse cosas. Ayuda la podemos encontrar siempre que queramos. Y, a nivel personal, la propia formación puede abarcar desde la lectura atenta de la Biblia (mejor con comentarios) hasta tratados de teología, pasando por estudios sobre aspectos de la vida de la Iglesia y publicaciones de los últimos Papas, empezando por la lectura del Catecismo de la Iglesia Católica. No puede haber verdadera vida del espíritu sin la correspondiente formación. Y la jubilación nos proporciona tiempo y ocasiones para llevarla a cabo.

Una persona creyente, sea cual sea su credo, no debe obviar el aspecto trascendente de su vida. Sería como dejar incompleto el desarrollo de su personalidad, que tanto ha de mirar a lo material como a lo espiritual.

XII.
Criterios para acertar

Esta es una cuestión compleja, porque es cada uno quien debe establecer, a veces a base de repetidos intentos, con fallos y con aciertos, por dónde debe encaminar su actividad. Sin embargo, hay algunas ideas, si se quiere bastante subjetivas, que ayudan a enfocar mejor toda elección.

a) Es buena cosa pensar en la realización personal, en la satisfacción de hacer algo que nos gusta. Pero, además de esa aspiración, debería pensarse también en la utilidad social, en el bien de las personas potencialmente beneficiarias de nuestra actividad. En definitiva; qué podemos aportar a la sociedad en la que nos movemos.

b) Cuando se trate de una actividad que tiene que ver con otras personas, conviene saber que es difícil transmitir entusiasmo si uno no está del todo convencido de lo que hace. De ahí la importancia de poner pasión en nuestra actividad. Y, si uno no es capaz de hacerlo, quizá sea una señal de que ese no es su sitio.

c) No todo el mundo sirve para todo. Una persona callada no será la más adecuada para hacer actividades de cara al público. Y, sin embargo, puede disfrutar y ser muy útil organizando, diseñando estrategias, haciendo informes, estudiando temas de su interés, etc.

d) Hay que pensar en los impedimentos que pueden desaconsejar emprender determinadas actividades: dificultad de desplazamiento, situación personal de salud, necesidad de atender a otras personas, horarios incompatibles...

e) Es probable que a alguien le frene su poca formación en nuevas tecnologías, que le abrirían numerosas posibilidades. Ya se ha comentado más arriba que hay múltiples oportunidades para hacer cursos de iniciación a esas herramientas (móvil, tableta, ordenador...) en prácticamente todas las localidades.

XIII.
Cultivar y fomentar la amistad

Es éste un aspecto fundamental siempre, y más en situación de jubilación, porque se suelen perder otras relaciones, sobre todo las laborales.

La amistad es un bien muy preciado. Se suele decir que son la familia que uno escoge, y es bien cierto. El hombre es sociable por naturaleza, y nada mejor para vivir la sociabilidad que ir estableciendo una buena red de amistades lo más afianzadas posibles.

No debemos confundir la verdadera amistad con los diversos sucedáneos que nos presenta la sociedad actual: los "amigos" de las redes sociales, sobre todo.

De la importancia de la amistad hablaba Cicerón en su librito *De amicitia* (Sobre la amistad), muy recomendable también, cuando decía:

> (…) *"yo sólo puedo exhortaros a que antepongáis la amistad a todas las cosas humanas; pues nada es tan apropiado a la naturaleza, tan conveniente a las cosas, bien favorables, bien adversas". (De amicitia 17)*

Porque, efectivamente, la amistad se valora no sólo en la bonanza sino, sobre todo, en las dificultades, porque representa un apoyo importante ante las adversidades.

La amistad no se "fabrica" en poco tiempo; requiere trato asiduo, horas de conversación, ahondar en la confianza... Es bidireccional: yo soy amigo del otro y él es amigo mío. Y, como se trata de un bien recíproco, que se da y se recibe, hace falta una comunión entre las personas, lo cual no quiere decir necesariamente que se tengan ideas coincidentes.

El término griego que más se aproxima a lo que es la amistad es el de "philia", que implica cariño y afecto por el otro, promueve su bien (es benevolente), se alegra de la felicidad del otro, es solidario y leal.

Los antiguos griegos también distinguían el amor incondicional que llamaban "ágape", y que tienen muchos puntos de unión con "philia": es un amor que tiene como prioridad el bienestar de los demás y que supone aceptar al otro independientemente de sus imperfecciones. Es un afecto profundo y generoso que no espera nada a cambio y se aleja de la superficialidad.

En definitiva, la amistad es un bien en sí mismo, que no debemos instrumentalizar: no somos amigos de alguien para conseguir algo. Eso no es amistad, sino interés egoísta. Al revés, en una relación de amistad cabe pensar en cómo puedo yo enriquecer a la otra persona, cómo puedo comprenderle mejor. O sea, la amistad consiste más en dar que en recibir.

Un jubilado tiene múltiples oportunidades de aumentar su número de amigos. Por ejemplo, cuando realiza unas actividades seguro que también ahí encuentra a otras personas. Cuando frecuenta habitualmente conferencias, exposiciones, etc., es fácil conocer nuevas personas coincidentes en gustos. En muchos sitios, hay grupos que se establecen más o menos espontáneamente para ir a caminar, en bicicleta, para hacer fotografías… Si a alguien le gusta cantar, muchas corales están esperando con los brazos abiertos nuevos integrantes, por ejemplo.

Siempre constituirá un bien el hecho de aumentar el número de verdaderos amigos.

XIV.
La realidad que nos rodea

Esa realidad no es, ni mucho menos, parecida a la que vivieron nuestros antepasados en su tercera edad. Comenzando porque la suya fue una vejez generalmente más breve de lo que es la actual.

Pero también porque la realidad social, profesional, económica, etc., no es la misma. Por ejemplo: hace unos 40 años no existía internet, ni los teléfonos móviles, ni el voluntariado de forma generalizada, ni los viajes del IMSERSO, ni los vuelos *low cost*, ni la Tarjeta Dorada de Renfe... Y sólo cito realidades que pueden interesar a personas jubiladas. Por tanto, conviene tener en cuenta el ámbito en el que nos movemos a la hora de planificar cómo será nuestra jubilación.

Y aquí entran factores muy diversos. No es el menor el lugar de residencia: ya he mencionado que, en una población importante, encontraremos muchas oportunidades a las que acogernos. Cuanto más pequeño sea el pueblo menos facilidades tendremos. Por eso es importante rodearse de otras personas: si no hay actividades organizadas, las podemos crear entre un grupo de amigos. Un cine-fórum, un grupo de senderismo, un club de lectura, un sistema de apoyo y ayuda a gente mayor del pueblo, un soporte para niños con dificultades de aprendizaje… no necesitan ni infraestructura, ni dotación económica, ni una gran masa de población. Tan sólo hace falta el ingenio, la iniciativa y las ganas de colaborar. Y, para ello, conviene valorar en su medida lo comentado en un apartado anterior: la amistad.

Todo lo que acabo de decir vale para cualquier lugar de residencia. Tanto da que sea una gran ciudad o una aldea. Primero hay que ver qué iniciativas ya están en marcha, sean de orden público o privado, y si merece la pena incorporarse a alguna de ellas. Si no encontramos nada que colme nuestras aspiraciones, cabría crear eso que vemos como necesario o simplemente útil: nos rodeamos de otras personas con las mismas inquietudes y organizamos una ONG, un grupo privado de amigos, una asociación… lo que mejor se amolde a nuestras necesidades. En la página web del Ministerio del Interior[1] se explica cómo se puede constituir una asociación, que sería la base para que cualquier actividad esté cubierta legalmente.

1. Disponible en https://www.interior.gob.es/opencms/gl/servicios-al-ciudadano/tramites-y-gestiones/asociaciones/inscripciones-registrales-de-las-asociaciones/inscripcion-de-constitucion-de-asociaciones/

Hay más factores que tienen que ver con lo que nos rodea. Entre otros, el clima del lugar (por ejemplo, no es fácil hacer actividades al aire libre en según qué latitudes), las costumbres de las personas de nuestro entorno, aunque esto puede ir cambiando con el tiempo, las necesidades familiares, que pueden ayudar u obstaculizar que se puedan realizar actividades que a uno le gustarían, un grupo de amigos ya consolidado, con sus costumbres y rutinas, etc.

En definitiva: cabe tener un conocimiento de uno mismo lo más exacto posible para ajustar las propias aptitudes, gustos y predilecciones con las variables que la sociedad nos ofrece.

XV.
Ocupaciones caseras

Afortunadamente, el cuidado de la casa ya ha dejado de ser un campo exclusivamente femenino. Y, aunque quizá se está lejos de lograr una situación óptima, se ha recorrido un largo camino de igualdad.

La casa es un campo estupendo y muy amplio para desarrollar múltiples actividades. Ahora me refiero únicamente a las de tipo material. Así, de entrada, se me ocurren las más evidentes:

- Limpieza en general (de la casa) y en particular (de objetos concretos).
- Compras habituales: panadería, pescadería, carnicería, mercado, tienda de comestibles, supermercado, farmacia, etc.
- Encargos esporádicos: llevar algo a reparar, recoger paquetes en Correos o en el recadero, gestiones ante diversos organismos...
- Hacer la comida/cena (si se tiene la habilidad necesaria...).

- Preparar/recoger la mesa.
- Hacer las camas.
- Fregar la vajilla o poner el lavaplatos.
- Poner la lavadora y recoger la ropa.
- Reciclar y llevar la basura a los contenedores apropiados.
- Ocuparse de la calefacción y/o del aire acondicionado.
- Tener al día la lista de proveedores, operarios diversos para realizar reparaciones, etc.
- Poner o quitar las alarmas de la casa, si las hay.
- Si se tienen animales domésticos, cuidar de ellos (sacar el perro varias veces al día, alimentarlo, etc.).
- Participar en las reuniones de la comunidad de vecinos y/o tener algún cargo en la misma.

Todo ello, sin olvidarnos de otras ocupaciones esporádicas como realizar pequeños arreglos en la casa (si las habilidades personales lo permiten, para no causar males mayores…), como pintar, reparar utensilios diversos, arreglar desperfectos, etc.

Una casa bien dispuesta, agradable, contribuye sin duda al bienestar emocional de la familia.

XVI.
Ocupaciones familiares. Los nietos

Vistos algunos trabajos de tipo material que pueden realizarse en casa, podemos repasar ahora otros aún más importantes: los que se refieren a personas.

La abundancia de tiempo disponible ha de redundar, en primer lugar, en beneficio de la propia familia. Y, sobre todo, en beneficio del propio cónyuge, a quien se debe dedicar más tiempo, y no sólo en la ayuda hogareña, sino para hablar, convivir más estrechamente, salir a pasear o a viajar… En definitiva, para afianzar la mutua unión.

Lo normal, cuando alguien llega a la jubilación, es que su familia se haya agrandado: hijos casados con sus nueras y yernos, consuegros, nietos… sin contar con la familia de los primos, los sobrinos, etc. Lo primero que debe tenerse en cuenta es la autonomía de las familias que se han creado. O sea, hay que ir con tiento con hijos, hijas, nueras y yernos: podemos sugerir, informar, aconsejar… pero ya no están bajo nuestra responsabilidad sino bajo la suya propia. Tienen su vida y ésta se debe respetar.

Hace bastantes años, la jubilación venía cuando la persona ya no se encontraba en un buen momento de salud. Además, era frecuente que sus hijas o sus nueras no trabajasen fueran del hogar, con lo que podían cuidarse de sus hijos de manera habitual. Ahora, las cosas han cambiado en dos aspectos importantes: esas hijas/nueras suelen trabajar fuera de casa y los abuelos ya no son aquellas personas decrépitas de la época de sus padres.

La consecuencia salta a la vista de cualquiera que observe el panorama actual: abuelos que suplen lo que no pueden hacer los padres del niño. Y no sólo por necesidad: a veces también por gusto. Llevar al nieto a la guardería/colegio e ir a buscarlo. Tener en casa al nieto enfermo que no puede ir a clase. O llevarlo –y recogerlo– por la tarde a cualquiera de las múltiples actividades extraescolares a las que están apuntados… hasta que los padres vuelven del trabajo a casa.

Los fines de semana es otra cuestión: normalmente, la casa de los abuelos se llena hasta rebosar. Y ¿quién se hace cargo de la comida, de organizar el día, de jugar con los nietos…? La abuela y el abuelo, por supuesto. Porque los padres y madres de las criaturas se ponen mutuamente al día de todo lo acontecido durante la semana en sus vidas… y en las de otros. Como en todo, hay muy honrosas excepciones, pero esa es una realidad bastante frecuente.

Viene bien aquí considerar un pensamiento de Cicerón, con el que los abuelos pueden contribuir a la formación de sus nietos adolescentes, incluso ya desde la niñez:

"No obstante, debéis recordar que en toda mi diserta-
ción he defendido una buena ancianidad, basada en unos
buenos cimientos de la adolescencia. Se deduce pues lo
que dije en otro momento con el aplauso de todos: que la
ancianidad es desgraciada si se tiene que defender con dis-
cursos. Ni los cabellos blancos, ni las arrugas hacen surgir
de repente la autoridad. Los frutos de la autoridad los pro-
duce la edad vivida honestamente desde el principio". (De
Senectute, XVIII, 62)

Tiene razón en que una vida recta comienza a fra-
guarse en una persona desde joven. Y la experiencia de
los abuelos es muy importante para poder inculcar en sus
nietos, sean niños o ya adolescentes, valores, costumbres
sanas, sentido ético de la vida, etc. Muchas veces será una
palabra oportuna. La mayoría de las ocasiones bastará con
que vean un buen ejemplo en la manera de actuar: arrastra
más eso que un discurso. Pero hay que aprovechar positivamente la buena disposición general de los nietos hacia
sus abuelos.

Hay también que atender a otras posibles obligacio-
nes familiares, como por ejemplo la atención a enfermos,
esporádicos o crónicos. Es ésta una actividad primordial a
la que hay que dedicar una atención preferente.

XVII.
Servicio a los demás. Voluntariado

Desde hace un tiempo, la sociedad se ha dado cuenta de que los poderes públicos no llegan a cubrir las carencias de todo tipo que produce la vida actual: de salud, educativas, de asistencia, de formación, de acogida, etc. Y no sólo por dejadez, sino porque las necesidades han ido aumentando en la vida moderna.

Así nacieron las Organizaciones No Gubernamentales (ONG), con la idea de paliar esas carencias. Son entidades sin ánimo de lucro que se proponen metas sociales y humanitarias. Se pueden clasificar de la siguiente manera:

- Según la orientación de su actividad, hallaremos ONG de caridad, que realizan actividades como la distribución de alimentos, ropa o medicina (Caritas, Cruz Roja, Oxfam, etc.); que atienden a la infancia (como Save the children) o las de servicios, que se dedican a la provisión de ayudas en el sector salud, educación, familiar (Manos Unidas, Educo, Acción Familiar, etc.).

- Hay ONG participativas, donde la organización y las personas efectúan un proyecto en conjunto, ayudándose mutuamente.
- ONG que promueven el cambio en la política, o en el ámbito económico o social.
- ONG según su ámbito de actuación: las de base comunitaria, las ONG ciudadanas, las ONG nacionales y las ONG internacionales.

Todas ellas se mueven gracias a la participación de voluntarios: sin ellos, su actividad sería imposible.

Además, también existen otros muchos organismos que promueven acciones solidarias, sin ser propiamente ONG: fundaciones como la del Banco de Alimentos, asociaciones diversas, etc.

Si tenemos una determinada preocupación social, se trata de buscar a qué organización dirigirse para ofrecer nuestros servicios de voluntariado. Hay dónde escoger, porque el número de estas organizaciones en España es muy grande: hace pocos años, las inscritas en el Ministerio del Interior (de todo tipo: ONG, asociaciones, fundaciones, etc.) eran más de 100.000. Conviene asesorarse sobre sus fines, sus medios, su compromiso ético, etc., porque algunas no siempre se ajustan a maneras transparentes de funcionar.

¿Cuáles pueden ser más adecuadas para un jubilado? Quizá se pueden mencionar las que pretenden el acompañamiento de personas mayores: residencias de la tercera edad, visitas a domicilio, etc., sin excluir mu-

chas otras, dependiendo de la inclinación del futuro vo-
luntario.

XVIII.
¿Para qué me sirve mi profesión?

Dependiendo del trabajo que se haya realizado en la vida laboral, para algo o para mucho.

Si se han desempeñado profesiones de servicio a las personas (médicos o enfermeros, abogados, peluqueros, maestros y profesores en general, economistas, asesores fiscales...) su trabajo puede ser de gran utilidad para desarrollar alguna actividad de voluntariado relacionada con él. Hay organizaciones que se dedican a prestar sus servicios a personas con escasos recursos económicos: visitas al dentista, hacer la declaración de la renta, atención de alumnos con necesidades especiales, servicio de peluquería, asesoramiento en temas económicos, sociales, etc. Hay ejemplos de profesionales que, junto con sus amigos y colegas, han constituido un grupo de ayuda a personas, de forma gratuita. Pienso en un caso concreto de unos empresarios que formaron una consultoría sobre temas de la empresa para asesorar a autónomos que comenzaban a trabajar en ese mundo.

Quienes hayan desempeñado trabajos manuales tienen también un amplio campo de acción: carpinteros,
albañiles y peones, cocineros, electricistas, fontaneros,
jardineros, pueden igualmente constituir asociaciones, o
incorporarse a las ya existentes, para colaborar con sus
conocimientos a resolver pequeños problemas domésticos
a gentes desfavorecidas. Y, por supuesto, siempre podrán
acogerse, si es su deseo, a la jubilación activa que hemos
tratado anteriormente.

Quizá quienes lo tienen peor son aquellas personas
que han trabajado como administrativos, dependientes de
comercio, camareros, personal de limpieza o de recogida
de basuras, etc. En estos casos, de todas formas, siempre
habrán tenido una afición o habilidad que les facilite en-
trar en contacto con alguna asociación para realizar labo-
res diversas de voluntariado.

XIX.
Ambiente cultural de la ciudad

Por suerte, la mayoría de las ciudades de mediano o gran tamaño tienen hoy en día una actividad cultural habitual y, en ocasiones, intensa: teatro, conferencias, cursos, exposiciones de arte o fotográficas, presentaciones de libros y clubs de lectura, ciclos de música, de cine, de arte dramático, etc.

Se trata de aprovechar este ambiente cultural para mejorar en la propia formación, para satisfacer legítimas curiosidades, para entablar relación con otras personas o para adquirir nuevos conocimientos.

Quizá quien haya realizado trabajos más bien intelectuales se sienta más movido a aprovechar estas actividades, porque sus inclinaciones son más propensas a ello.

Pero no será la primera vez que se despierten intereses culturales entre jubilados que han desarrollado durante toda su vida trabajos manuales y/o rutinarios. Quizá no tuvieron en su momento la oportunidad de valorar un concierto, una exposición de pintura, una representación teatral, etc., muchas veces porque el ambiente en que se movían no llevaba a ello, por desconocimiento o por motivos económicos. Ahora tienen ocasión de aprender algo nuevo, de adquirir ilusión por una actividad. Conozco personas que han dedicado su vida profesional a trabajos eminentemente manuales y que luego han desarrollado actividades tan diferentes como ejercer de lutier aficionado.

No debemos olvidar la inestimable labor que hacen las bibliotecas públicas para la difusión de la lectura asequible a todos, en la sala o con su servicio de préstamo, organizando también diversas actividades en sus sedes: presentaciones, conferencias, clubs de lectura, etc. Va en aumento la venta –y el préstamo en bibliotecas– de los audiolibros, muy importantes para personas mayores que tienen dificultades con la lectura.

También ha proliferado mucho en los últimos años la apertura de la universidad a los mayores, que pueden cursar estudios de grado sin examinarse, simplemente por gusto o curiosidad, para ampliar conocimientos. Es notable la afluencia de personas jubiladas, sobre todo en estudios humanísticos.

XX.
Mis amigos se hacen mayores

Es ley de vida que nuestros amigos envejezcan y, con ellos, nosotros. La cercanía de la muerte es algo presente en cuantos se asoman a esta realidad. Cicerón se muestra optimista al respecto, comparando adolescencia y vejez. Veamos:

> (…) *"la cercanía de la muerte parece que atormenta y angustia a nuestra edad. (…) Lógicamente el joven espera vivir mucho tiempo, cosa que el anciano ya ha conseguido. El joven espera insensatamente, porque ¿hay algo más necio que tener por seguro lo que es en sí incierto y por falso lo verdadero? El anciano, al fin y al cabo, tiene lo que esperaba, por esto mismo la vejez es mejor que la adolescencia, el joven espera, el anciano ya lo ha conseguido. Aquél quiere vivir durante mucho tiempo, éste ya lo ha vivido".* (De Senectute, XVIII, 68)

El anciano ya ha vivido la vida que el joven espera. Es una riqueza en la que a veces no pensamos, aunque el dicho popular "que nos quiten lo *bailao*" recoge bastante bien esa idea.

Hemos hablado al principio de la importancia de la amistad y de que ésta se valora especialmente cuando las circunstancias son más desfavorables. Es entonces cuando se calibra si la amistad es auténtica o no.

Sin embargo, llega un momento en que ya no somos unos simples jubilados, sino unos jubilados enfermos. Hay personas que llegan al final de sus días con relativa buena salud, pero a la mayoría les afecta algún mal... o varios: sólo hace falta ver las cajas de las pastillas que debe manejar la mayoría de las personas mayores.

En esos momentos, se valora mucho la compañía y el ánimo de los amigos: una llamada telefónica, unas visitas, hacerles pequeños –o grandes– favores, una conversación amable buscando apartarle de pensamientos tristes... Para los creyentes, facilitarles poder ser confortados con los sacramentos que ofrece la Iglesia.

Puede llegar un momento en que esa sea la ocupación dominante de un jubilado: estar pendiente de sus amigos o familiares enfermos y, con cautela y prudencia, saber cuándo debemos estar cerca de ellos y cuando no debemos molestar. Aunque un buen amigo nunca molesta, a no ser que el estado del otro no permita que nadie se dirija a él.

XXI.
La enfermedad acecha

Llega un momento en la vida en el que hay que ir dejando –poco a poco o de golpe– las actividades que hemos llevado a cabo durante los años de jubilación. Podemos identificar ese momento con una situación de dependencia que, normalmente, no se dará de un día para otro, ni será desde el inicio una dependencia total.

Pienso especialmente en cómo se afronta el hecho de dejar ciertas actividades que ya no es prudente llevar a cabo: conducir nuestro coche, salir a pasear solo o hacer un viaje sin la compañía de nadie. Son cosas que cuesta dejar pero que cabe aceptar con buen ánimo, sin esperar a que nuestros familiares nos lo sugieran.

En estas circunstancias, sin embargo, se debe adaptar el plan de las actividades para que haya algunas compatibles con el estado de salud de la persona. Aquí juega un papel muy importante la o las personas que cuiden del enfermo, porque han de saber subvenir a sus necesidades, dependiendo de sus circunstancias de salud y de sus apetencias.

Cuenta –y mucho– la disposición personal con que se afronta una situación de ancianidad. Dice Cicerón al respecto:

> *"La ancianidad es llevadera si se defiende a sí misma, si conserva su derecho, si no está sometida a nadie, si hasta su último momento el anciano es respetado entre los suyos. Como en el adolescente hay algo de senil, también en el anciano hay algo de adolescente, lo reconozco. Quien siga esta norma podrá ser anciano de cuerpo pero no de espíritu". (De Senectute X, 38)*

Seguramente hemos conocido –y conocemos– personas muy mayores pero jóvenes de espíritu. Al igual que también hay –y cada vez más– jóvenes con el alma marchita de una vejez anticipada.

Llega un momento que nadie desea pero por el que inevitablemente hemos de pasar. El hecho de la muerte puede afrontarse de muchas maneras y aquí influyen –ciertamente y mucho– las propias creencias. Sin lugar a dudas, se puede afirmar que una persona, convencida de su fe y que la ha vivido asiduamente, muere con una mayor paz y confianza.

La muerte es un hecho que, no por cierto, deja de preocupar. Vuelvo a repetir un texto de Cicerón que ya he citado antes, y que puede ilustrarnos ahora de nuevo con un pensamiento, eso sí, de raíz netamente estoica:

> *"La madurez quita la vida a los ancianos. Una madurez que a mí me resulta agradable, de tal manera que*

*yo llegaré a la muerte tranquilamente como si después de
una larga navegación, al llegar al puerto volviera a ver la
tierra". (De Senectute XIX, 71)*

Pocas cosas hay más humanas que acompañar a un
familiar (o a un amigo) en sus últimos momentos. Es frecuente observar la calma y tranquilidad que produce a un
moribundo el simple hecho de darle la mano. Es, quizá,
el último servicio que podemos hacer a una persona esti-
mada.

XXII.
¿Qué más puedo hacer?

Si todo cuanto se ha dicho hasta ahora no es suficiente, aún se pueden mencionar otras actividades, siempre advirtiendo que no todas están al alcance de cualquiera. Podemos indicar algunas:

– Escribir. Una vida da para mucho y hay quien redacta sus memorias –sean o no interesantes– al menos para conocimiento de sus descendientes. Y siempre, para desahogo personal y recuerdo de su existencia. Otros, que se han sentido siempre atraídos por la lectura, pueden optar por escribir su novela, o un conjunto de poemas. Hoy en día, hay varias editoriales que nos ofrecen la posibilidad de realizar una autoedición. No se debe desdeñar la posibilidad de escribir sobre cuestiones relativas a sus actividades de jubilado. Para esto, también nos podemos ayudar de los medios tecnológicos que tenemos y que permiten mantener un blog en internet, o una página web sobre gustos, aficiones, conocimientos personales… o sobre nuestra profesión.

- Estudiar. No hay límite de edad para estudiar. Desde estudios universitarios (con o sin exámenes ni títulos), hasta ciclos de formación profesional para mayores, o academias de idiomas, de música, de informática, etc. El elenco ha ido creciendo exponencialmente en los últimos años: hay estudios para todos los gustos.

- Dar clases. La experiencia acumulada durante años puede ser muy útil a otras personas. Hay instituciones, públicas y privadas, que organizan cursos para niños, jóvenes o mayores de las más diversas disciplinas. Siempre nos podemos ofrecer para colaborar con nuestros conocimientos.

- Viajar. Si se tiene la suficiente solvencia económica, o bien apuntándose periódicamente a los viajes del IMSERSO. Conocer nuevos lugares y personas siempre es enriquecedor.

- Renovar o redecorar la casa. Quizá sigue estando como cuando los hijos la ocupaban. Ahora que se han emancipado puede ser el momento de hacer cambios y adaptar espacios a la nueva situación.

Ya hemos hablado antes más extensamente de otras ocupaciones. Por lo que el panorama es rico en sugerencias. Ahora, hace falta que cada uno encuentre su sitio en la nueva situación.

XXIII.
Conclusión

Como colofón a todo lo dicho hasta aquí, podemos ofrecer unos cuantos puntos importantes a modo de resumen.

1. Se debe aceptar el cambio: hay que asumir que la jubilación implica un cambio muy importante en la rutina diaria, darse cuenta de que la actividad será sustancialmente otra y que cabe prepararse mentalmente para asumir nuevos retos y ocupaciones.

2. Hay que planificar mínimamente la jubilación: imaginarse cómo nos gustaría que fuera esa época nueva de la vida. Proponernos metas y actividades que nos gustaría llevar a cabo. Tener claro cómo debería ser nuestra jubilación ayudará mucho a encontrar motivaciones en esta nueva etapa.

3. Conviene aumentar –o crear– una red de amistades: mantener y desarrollar conexiones sociales fuertes. Establecer relaciones con amigos, familia-

res o personas con intereses similares. Participar en actividades en la propia localidad, grupos de voluntariado o asociaciones diversas para cultivar una red que resultará enriquecedora.

4. Es muy conveniente desarrollar nuevos intereses y aficiones: utilizar la jubilación como una oportunidad para explorar nuevos intereses y descubrir actividades que ilusionen. Aprender nuevas habilidades, hacer aquello que siempre habíamos querido hacer pero que no tuvimos tiempo durante la vida laboral. Esto ayuda a mantenernos ocupados, comprometidos y satisfechos.

5. Es bueno tener una rutina estructurada: aunque la jubilación significa tener más tiempo libre, es beneficioso establecer una rutina diaria para mantener una sensación de estructura ordenada. Es importante realizar actividades regulares, como ejercicio físico, aficiones, tiempo para leer o aprender algo nuevo. Todo ello ayuda a mantener nuestro cerebro y memoria en forma.

6. Cabe cuidar la salud física y mental: dar importancia al bienestar físico y emocional. Mantener una alimentación saludable, realizar ejercicio con regularidad y dormir lo suficiente. Además, dedicar tiempo a actividades que promuevan el bienestar emocional, como la meditación, la búsqueda de momentos tranquilos y relajantes, apreciar el valor del silencio…

7. Hay que aprender a gestionar el tiempo libre: establecer metas, hacer una lista de tareas pendientes y dedicar tiempo a actividades que brinden satisfacción personal.

8. Conviene mantener una actitud positiva: fijarse en los aspectos buenos que la jubilación puede proporcionar. Apreciar el tiempo libre, la oportunidad de explorar nuevos intereses y la libertad para elegir en qué deseamos emplear el tiempo.

9. Tener como actividad prioritaria la dedicación a las necesidades de los demás, sean parientes o amigos.

10. Y buscar apoyo profesional si es necesario: si resulta difícil la adaptación emocional a la jubilación, se puede buscar apoyo de un consejero, que puede ser un buen amigo de confianza.

Y se ha de tener siempre presente que la jubilación es una etapa llena de oportunidades y posibilidades. Con una mentalidad positiva, una buena planificación y el apoyo adecuado –si es necesario–, se puede disfrutar de una jubilación gratificante, significativa y útil a la sociedad.

> *"No es cierto que la gente deja de perseguir sus sueños porque envejecen, envejecen porque dejan de perseguir sus sueños".*
>
> Gabriel García Márquez

Breve Bibliografía

Agüera Espejo-Saavedra, Isabel, *El arte de envejecer*. Ed. Almuzara, 2012.

Carrascal, José María, *Jubilación para* dummies. Ed. CEAC, 2011.

Chavarría, María Ángeles, *Me jubilo. ¿Y ahora qué?* Ed. Pirámide, 2021.

Fernández Carvajal, Francisco, *El paso de la Vida*. Ed. Palabra, 2018.

Freire Arteta, Bartolomé, *La jubilación. Una nueva oportunidad*. Lid ed. 2017.

Friedmann, Lothar, *Jubilación para principiantes*.

Hammerfield, Wellington, *100 preguntas antes de jubilarse*. Eureka libros.

Madinaveitia, Eduardo y otros, *JubilARTE, el arte de jubilARTE*. Ed. CreateSpace. 2015.

Maldonado Ríos, Martín, *Jubilación: crecimiento y bienestar*. Ed. Letra Minúscula. 2023.

Menéndez, Isabel, *El equilibrio emocional*, Ed. Booket. Madrid 2011.

Rubio, Román, *¡SOCORRO! Me jubilo*. Ed. CreateSpace. 2016.

Solsona, Ignacio, *De cara a la jubilación: consejos para mejorar su pensión*.

Voli, Franco, *El jubilado feliz*. Visión libros. 2013.

Zellinski, Ernie J., 1001 *formas de disfrutar de su jubilación*. Amat edit. 2003.